おはなしドリル　こわいはなし　低学年

くじ

1 絵《え》からとび出《だ》したりゅう

むかし、中国《ちゅうごく》にとても絵《え》のうまい男《おとこ》がいた。

あるとき、たのまれて、お寺《てら》のかべに四《よん》ひきのりゅうの絵《え》をかいた。りゅうは、どれも今《いま》にもうごき出《だ》しそうなほど、すばらしいできだった。

だが、男《おとこ》は、そのりゅうに目《め》をかき入《い》れなかった。人々《ひとびと》が、どうしてかとたずねると、

「目《め》をかき入《い》れると、りゅうにはいのちがやどって、とびさってしまうだろう。だから、かかないのだ。」

と言《い》った。

みんなは、何《なに》をでたらめなことを言《い》うのかと、男《おとこ》の言葉《ことば》をしんじなかった。

「目《め》のないりゅうなんて、みっともない。ぜひ、

読《よ》んだ日《ひ》　月《がつ》　日《にち》

❶ 絵《え》のうまい男《おとこ》がお寺《てら》のかべにかいたものは、なんですか。

（　　　　）

❷ 男《おとこ》がりゅうに目《め》をかき入《い》れなかったのは、なぜですか。
（　）に合《あ》う言葉《ことば》を書《か》きましょう。

・目《め》をかき入《い》れると、りゅうに（　　　　）がやどって、とびさってしまうから。

かいてください。」
あまりにも、みんながそう言《い》うので、男《おとこ》はしかたなく、二《に》ひきのりゅうに目《め》をかき入《い》れた。

そのとたんすさまじいかみなりと光《ひかり》がかべをつきやぶった。二《に》ひきのりゅうがかべからおどり出《で》て、雲《くも》にのり、天《てん》にかけ上《のぼ》っていったのだ。

人々《ひとびと》は、あまりのおどろきにこしをぬかして、声《こえ》も出《で》なかった。

目《め》をかき入《い》れなかったりゅうの絵《え》は、今《いま》もその寺《てら》にのこっている。

❸ 男《おとこ》が二《に》ひきのりゅうに目《め》をかき入《い》れると、どんなことがおこりましたか。（　）に合《あ》う言葉《ことば》を書《か》きましょう。

・二《に》ひきのりゅうが（　　　）からおどり出《で》て、雲《くも》にのり、（　　　）にかけ上《のぼ》っていった。

❹ 目《め》をかき入《い》れなかったりゅうの絵《え》は、どうなりましたか。一《ひと》つに○をつけましょう。

ア 天《てん》にかけ上《のぼ》っていった。
イ 男《おとこ》がもって帰《かえ》った。
ウ 今《いま》も寺《てら》にのこっている。

2 雪女《ゆきおんな》

一人《ひとり》のわかい男《おとこ》が、冬《ふゆ》の山《やま》をのぼっていた。

もうすぐちょう上《じょう》につくころになって、とつぜんはげしい雪《ゆき》がふりはじめ、男《おとこ》はさむさとつかれでうごけなくなってしまった。

ふと、気《き》づくと、白《しろ》いきものをきたかみの長《なが》い女《おんな》が目《め》の前《まえ》に立《た》っていた。

「かわいそうだから、たすけてあげましょう。でもわたしに会《あ》ったことを、ほかの人《ひと》にけっして話《はな》してはいけませんよ。」

❶ 男《おとこ》の目《め》の前《まえ》に立《た》っていたのは、どんな女《おんな》でしたか。（　）に合《あ》う言葉《ことば》を書《か》きましょう。

・（　　　）を きた（　　　）の長《なが》い女《おんな》。

❷ 女《おんな》が、ほかの人《ひと》に話《はな》してはいけないと言《い》ったのは、どんなことですか。（　）に合《あ》う言《こと》葉《ば》を書《か》きましょう。

・自分《じぶん》に（　　　）こと。

読《よ》んだ日《ひ》　月《がつ》　日《にち》

それだけ言《い》うと、女《おんな》は目《め》の前《まえ》からきえ、はげしかった雪《ゆき》もやんでいた。男《おとこ》は、なんとかぶじに山《やま》を下《お》りることができた。

数年後《すうねんご》、男《おとこ》はうつくしい女《おんな》と出会《であ》ってけっこんし、かわいい子《こ》どもも生《う》まれた。

ある雪《ゆき》の日《ひ》、男《おとこ》は思《おも》い出《だ》したように話《はな》しはじめた。

「そういえば、こんなはげしい雪《ゆき》の日《ひ》に、山《やま》でおまえとよくにた女《おんな》に会《あ》ったことがある。」

女《おんな》は、その話《はなし》を聞《き》くと、とてもかなしそうな顔《かお》をして言《い》った。

「その話《はなし》は、だれにもするなと言《い》ったはずです。わたしがそのときの雪女《ゆきおんな》。話《はな》してしまったからには、もう、ここにはいられません。」

女《おんな》は、山《やま》で出会《であ》ったときの白《しろ》いきものすがたにもどり、子《こ》どもとともにきえてしまった。

❸ 男《おとこ》の話《はなし》を聞《き》いて、女《おんな》はどんな顔《かお》になりましたか。（　）に合《あ》う言葉《ことば》を書《か》きましょう。

・（　　　　）な顔《かお》。

❹ 女《おんな》は、なぜ、きえてしまったのですか。一《ひと》つに○をつけましょう。

ア 冬《ふゆ》の山《やま》に帰《かえ》りたくなったから。

イ 男《おとこ》のことをきらいになったから。

ウ 男《おとこ》が自分《じぶん》とのやくそくをやぶったから。

3 あめを買《か》うゆうれい

毎《まい》ばん、店《みせ》に水《みず》あめを買《か》いにくるわかい女《おんな》がいた。女《おんな》は、青白《あおじろ》い顔《かお》をして、やせ細《ほそ》っていた。

ふしぎに思《おも》った店《みせ》の主人《しゅじん》は、あるばん、女《おんな》のあとをつけてみた。女《おんな》は、とぼとぼと歩《ある》いていく。女《おんな》が歩《ある》いていくすがたを見《み》て、主人《しゅじん》は気《き》がついた。

「かげがない……、ゆうれいか。」

自分《じぶん》のかげは、月《つき》の光《ひかり》でくっきりと地面《じめん》にうつっているが、前《まえ》を行《い》く女《おんな》にはかげがない。

そのうちに、女《おんな》は寺《てら》のけいだいに入《はい》っていった。

読《よ》んだ日《ひ》　月《がつ》　日《にち》

❶ 毎《まい》ばん、店《みせ》に水《みず》あめを買《か》いにくる女《おんな》は、どんなようすですか。（　）に合《あ》う言葉《ことば》を書《か》きましょう。

・（　　　）顔《かお》をして、やせ細《ほそ》っている。

❷ 店《みせ》の主人《しゅじん》が歩《ある》いていく女《おんな》のことをゆうれいだと思《おも》ったのは、なぜですか。

［　　　　］

寺《てら》のうらには、おはかしかない。

女《おんな》は、あるおはかの前《まえ》に来《く》ると、ふっときえてしまった。主人《しゅじん》がおどろいてかけよると、おはかの中《なか》から、かすかに赤《あか》んぼうのなき声《ごえ》が聞《き》こえる。

主人《しゅじん》はすぐに、寺《てら》のおぼうさんにわけを話《はな》し、おはかをほりかえしてもらった。

かんおけのふたをあけてみると、いつも水《みず》あめを買《か》いにくる女《おんな》の死体《したい》のよこで、赤《あか》んぼうが元気《げんき》よくないていた。

「しんだあとも、赤《あか》んぼうをそだてようとしたんじゃな。」

主人《しゅじん》とおぼうさんは、なみだをながしながら、女《おんな》に手《て》を合《あ》わせた。

3 女《おんな》がふっときえてしまったのは、どこですか。（　）に合《あ》う言葉《ことば》を書《か》きましょう。

・かすかに（　　　　）のなき声《ごえ》が聞《き》こえる（　　　　）の前《まえ》。

4 女《おんな》はなぜ、水《みず》あめを買《か》いにきていたのですか。一《ひと》つに○をつけましょう。

ア おはかにそなえるため。
イ 赤《あか》んぼうにあげるため。
ウ おぼうさんにあげるため。

4 のっぺらぼう

夜《よる》おそく、男《おとこ》が橋《はし》を通《とお》りかかると、一人《ひとり》の女《おんな》が立《た》っていた。近《ちか》づいて見《み》ると、手《て》で顔《かお》をおおってないているようだ。

男《おとこ》は、心配《しんぱい》になって、後《うし》ろから女《おんな》に声《こえ》をかけた。

「どうしたんです。だいじょうぶですか。ないているだけではわからないよ。」

と、顔《かお》をのぞきこもうとしたときだった。

女《おんな》がゆっくりと顔《かお》を上《あ》げ、顔《かお》から手《て》をはなした。

「ウギャー」

読《よ》んだ日《ひ》　月《がつ》　日《にち》

❶ 男《おとこ》が声《こえ》をかけた女《おんな》は、どんなようすですか。（　）に合《あ》う言葉《ことば》を書《か》きましょう。

・手《て》で（　　　　）をおおって、ないているようだ。

❷ 男《おとこ》が悲鳴《ひめい》を上《あ》げたのは、なぜですか。（　）に合《あ》う言葉《ことば》を書《か》きましょう。

・女《おんな》が、目《め》もはなも口《くち》もない、（　　　　）だったから。

男《おとこ》は、思《おも》わず悲鳴《ひめい》を上《あ》げた。女《おんな》は、目《め》もはなも口《くち》もない、のっぺらぼうだったのだ。

男《おとこ》は、足《あし》をもつれさせながらも、にげ出《だ》した。

しばらく走《はし》ると、赤《あか》いランプが見《み》えた。交番《こうばん》だった。

男《おとこ》が走《はし》りこんだ交番《こうばん》には、こちらにせをむけて、おまわりさんがいた。

「おまわりさん、今《いま》、そこにのっぺらぼうが……。」

そう言《い》いかけたとき、おまわりさんがふりむいた。

「こんな顔《かお》ですか。」

その顔《かお》は、さっきの女《おんな》と同《おな》じ［　　　］だった。

❸ にげ出《だ》した男《おとこ》が走《はし》りこんだのは、どこですか。

（　　　）

❹ 上《うえ》の文章《ぶんしょう》の［　］に入《はい》る六《ろく》字《じ》の言葉《ことば》を書《か》き出《だ》しましょう。

［　　　　　　］

5

歌《うた》うどくろ

男《おとこ》が夜《よる》の山道《やまみち》を歩《ある》いていると、草《くさ》むらから、ひくい歌声《うたごえ》が聞《き》こえてきた。

「こんな山道《やまみち》で……。だれかいるのか。」

よびかけても、へんじはなく、歌《うた》は地《ち》のそこからひびくようにつづいている。声《こえ》のする方《ほう》へ草《くさ》を分《わ》けていくと、足元《あしもと》から声《こえ》がした。男《おとこ》はぎょっとして、声《こえ》のする方《ほう》へ明《あ》かりをむけた。

「＊しゃれこうべ……。」

草《くさ》の間《あいだ》で、どくろが、口《くち》をガタガタとうごかしながら、歌《うた》を歌《うた》っていた。男《おとこ》が近《ちか》づくと、どくろは言《い》った。

「よく、わたしを見《み》つけてくれた。長《なが》い間《あいだ》、だれも見《み》つけてくれず、草《くさ》にうもれてすごしてきた

❶ 男《おとこ》が夜《よる》の山道《やまみち》を歩《ある》いていると、草《くさ》むらから何《なに》が聞《き》こえてきましたか。二字《にじ》の言葉《ことば》を書《か》き出《だ》しましょう。

❷ 草《くさ》の間《あいだ》で、歌《うた》を歌《うた》っていたのは、なんでしたか。六字《ろくじ》の言葉《ことば》を書《か》き出《だ》しましょう。

読《よ》んだ日《ひ》　月《がつ》　日《にち》

のだ。たのみを聞《き》いてくれればありがたい。」

「わたしにできることか。」

「このまま、草《くさ》にうもれたままでいるのはいやなので、まわりの草《くさ》をかりとってくれないか。」

男《おとこ》は明《あ》かりをおき、どくろのまわりの草《くさ》をかりとってやった。そして、地面《じめん》にあなをほってどくろをうめながら、これでいいかとたずねた。

「ありがとう。」

どくろは、そう言《い》ったきり、男《おとこ》が何《なに》を話《はな》しかけても、へんじをしなかった。

*しゃれこうべ…長《なが》い間《あいだ》、雨《あめ》や風《かぜ》にさらされてほねだけになった、人《ひと》の頭《あたま》。どくろ。

③ どくろのたのみとは、どんなことですか。一《ひと》つに○をつけましょう。

ア べつの場所《ばしょ》にうつしてもらうこと。

イ 自分《じぶん》のまわりの草《くさ》をかりとってもらうこと。

ウ あなをほるのをてつだってもらうこと。

④ 男《おとこ》があなにどくろをうめて、これでいいかとたずねたとき、どくろはなんと言《い》いましたか。

（　　　　）

6 ライオンとうさぎ

むかし、森《もり》にらんぼうもののライオンがすんでいた。

ある日《ひ》、そのライオンが、年《とし》とったうさぎをつかまえた。食《た》べようとすると、うさぎが、

「とちゅうで会《あ》った、あなたにそっくりなライオンが、『おれのほうが強《つよ》いぞ』と言《い》っていましたよ。」

と言《い》った。

それを聞《き》いたライオンはおこって、うさぎを道《みち》あん内《ない》に、なまいきなライオンに会《あ》いにいくことにした。

うさぎは、ライオンをふかいいどのあるところへつれていった。

「そいつは、この中《なか》にいます。」

読《よ》んだ日《ひ》　月《がつ》　日《にち》

❶ ある日《ひ》、ライオンは、何《なに》をつかまえましたか。

（　　　）

❷ ライオンは、だれに会《あ》いにいくことにしましたか。（　）に合《あ》う言葉《ことば》を書《か》きましょう。

・おれのほうが（　　　）と言《い》っている、（　　　）なライオン。

いどの中《なか》をのぞきこんだライオンは、そこにもう一頭《いっとう》のライオンがいるのを見《み》つけた。おこってほえると、いどの中《なか》のライオンも、同《おな》じようにほえる。

ついに、ライオンは、いどの中《なか》のライオンにとびかかっていった。

しかし、いどの中《なか》のライオンは、水《みず》にうつった自分《じぶん》のすがただった。ライオンは、いどの中《なか》でおぼれてしまった。

❸ いどの中《なか》のライオンは、だれのすがたでしたか。二字《にじ》の言葉《ことば》を書《か》き出《だ》しましょう。

・水《みず》にうった［　　］のすがた。

❹ いどの中《なか》のライオンにとびかかっていったライオンは、どうなりましたか。

［　　　　］

7

十八年《じゅうはちねん》目《め》のようかい①

あるところにお作《さく》という女《おんな》がいた。お作《さく》は、小《ちい》さなはたけをたがやしながら、まだ赤《あか》んぼうのむすめと二人《ふたり》で、しずかにくらしていた。

しかし、あるときから、夜中《よなか》にふと目《め》がさめると、白《しろ》いきものの男《おとこ》がすわっていたり、くらやみの中《なか》で毛《け》むくじゃらの手《て》でなでられたりと、きみのわるいことばかりがおこるようになってきた。

「ようかいかもしれない……。」

と、お作《さく》がおびえていると、うわさを聞《き》いたおぼうさんがたずねてきた。

「わしが、ようかいをやっつけてやろう。」

おぼうさんは、おきょうをとなえながら、おふだをもやした。

読《よ》んだ日《ひ》　月《がつ》　日《にち》

❶ 「きみのわるいこと」とは、どんなことですか。（　）に合《あ》う言葉《ことば》を書《か》きましょう。

・白《しろ》いきものの（　　　）がすわっていたり、くらやみの中《なか》で（　　　）の手《て》でなでられたりすること。

❷ おぼうさんは、ようかいをやっつけるために、どうしましたか。（　）に合《あ》う言葉《ことば》を書《か》きましょう。

すると、強《つよ》い風《かぜ》がふいてきて、おふだは空《そら》にまい上《あ》がり、ふっときえてしまった。

「これで、ようかいはやっつけることができたが、一《いっ》ぴきとりにがした。十八年後《じゅうはちねんご》にまた出《で》てくるかもしれん。そのときのために、おふだを一《いち》まいおいていこう。だれかが見《み》せろと言《い》ってもぜったいに見《み》せてはいけない。そのときは、にせものを見《み》せるのじゃ。そして、何《なに》かあったら、このおふだをもやしなさい。」

おぼうさんは、お作《さく》におふだをわたして帰《かえ》っていった。

・（　　　　）をとなえながら、おふだをもやした。

❸ おぼうさんが、おふだを一《いち》まいおいていったのは、なぜですか。一《ひと》つに○をつけましょう。

ア ようかいにあげるため。
イ だれかに見《み》せるため。
ウ とりにがしたようかいをやっつけるため。

❹ おぼうさんは、お作《さく》に、だれかがおふだを見《み》せろと言《い》ったとき、何《なに》を見《み》せろと言《い》いましたか。

・（　　　　）のおふだ。

8

十八年目《じゅうはちねんめ》のようかい②

おぼうさんがようかいをたいじしてくれてから、十八年間《じゅうはちねんかん》はあやしいこともおきず、赤《あか》んぼうだった子《こ》どもも、十八《じゅうはっ》さいのうつくしいむすめにそだった。

ある日《ひ》の夕方《ゆうがた》、りっぱなみなりの男《おとこ》が、七人《しちにん》の*手下《てした》をつれてやって来《き》た。

「この家《いえ》に、ようかいをたいじするおふだがあるといううわさを聞《き》いた。見《み》せてくれないか。」

お作《さく》は、こういうときのために用意《ようい》してあった、にせもののおふだをわたした。

そのとたん、男《おとこ》はにやりとわらうと、むすめの手《て》を引《ひ》っぱり、家《いえ》からつれ出《だ》そうとした。

「たすけて、お母《かあ》さん。」

読《よ》んだ日《ひ》　月《がつ》　日《にち》

❶ 男《おとこ》たちは、お作《さく》に何《なに》を見《み》せてくれないかと言《い》いましたか。（　）に合《あ》う言葉《ことば》を書《か》きましょう。

・ようかいをたいじする（　　　　）。

❷ お作《さく》は、なぜ、にせもののおふだをわたしたのですか。一《ひと》つに○をつけましょう。

ア　本物《ほんもの》のおふだをなくしてしまったから。

イ　男《おとこ》たちがようかいだと思《おも》ったから。

ウ　本物《ほんもの》のおふだは、おぼうさんがもって帰《かえ》ったから。

お作《さく》は、おふだを見《み》せてくれと言《い》われたときから、男《おとこ》たちをあやしいと思《おも》っていた。ちょうど十八年目《じゅうはちねんめ》だ。この男《おとこ》たちは、ようかいではないか。

お作《さく》は、本物《ほんもの》のおふだをとり出《だ》すと、火《ひ》をつけた。

そのとたん、へやが地《じ》しんのように、ガタガタとゆれ出《だ》し、ものすごい音《おと》がして光《ひかり》が走《はし》った。

お作《さく》とむすめは目《め》の前《まえ》がまっくらになって、その場《ば》に体《からだ》をふせた。

しばらくして、あたりがしずかになったので、二人《ふたり》がおそるおそる目《め》をあけてみると、大《おお》きな八《はっ》ぴきのようかいがしんでいた。

＊手下《てした》…ある人《ひと》のめいれいどおりにはたらく人《ひと》。子分《こぶん》。

❸ お作《さく》が本物《ほんもの》のおふだをもやすと、どのようなことがおこりましたか。（　）に合《あ》う言葉《ことば》を書《か》きましょう。

・へやが（　　　）のようにゆれ出《だ》し、ものすごい音《おと》がして（　　　）が走《はし》った。

❹ 大《おお》きな八《はっ》ぴきのようかいとは、だれですか。（　）に合《あ》う言葉《ことば》を書《か》きましょう。

・りっぱなみなりの男《おとこ》と（　　　）。

9 船《ふな》ゆうれい

あるりょうしが船《ふね》にのって、りょうに出《で》かけたときのこと。きゅうに空《そら》がくらくなり、なまあたたかい風《かぜ》がふいてきた。

「なんだか、天気《てんき》があれそうだぞ。」

りょうしが船《ふね》をきしにもどそうとする間《ま》もなく、風《かぜ》が強《つよ》まり、強《つよ》い雨《あめ》もふってきた。なみも高《たか》くなり、船《ふね》は木《こ》のはのようにふり回《まわ》された。

そのうちに、なみの間《あいだ》から、何本《なんぼん》もの白《しろ》い手《て》がうかび上《あ》がってきた。

そして、「ひしゃくをかせ……。ひしゃくをかせ……。」と、きみのわるい声《こえ》がひびいた。

「船《ふな》ゆうれいだ。」

りょうしは、船《ふな》ゆうれいにひしゃくをあたえる

読《よ》んだ日《ひ》　月《がつ》　日《にち》

❶ 船《ふね》が風《かぜ》にふり回《まわ》されるようすを、どのようにたとえていますか。三字《さんじ》の言葉《ことば》を書《か》き出《だ》しましょう。

・□□□のように。

❷ なみの間《あいだ》から、何《なに》がうかび上《あ》がってきましたか。

（　　　　）

❸ りょうしは、なぜ、ひしゃくのそこをぬいて、海《うみ》になげこんだのですか。一《ひと》つに○をつけましょう。

と、それをつかって船《ふね》に水《みず》をそそぎこみ、船《ふね》をしずめてしまうという話《はなし》を聞《き》いていた。

そこで、ひしゃくのそこをぬいて、海《うみ》になげこんだ。そこをぬいておけば、いくら水《みず》をくもうとしても水《みず》はくめない。

船《ふな》ゆうれいは、ひしゃくで水《みず》をくもうとしたが、むだだとわかると、しだいにすがたをけしていった。

「たすかった……。」

気《き》がつくと、空《そら》は明《あか》るくなり、いつものおだやかな海《うみ》にもどっていた。

ア　船《ふな》ゆうれいが水《みず》をくめないので、船《ふね》をしずめられないと思《おも》ったから。

イ　船《ふな》ゆうれいをからかってやろうと思《おも》ったから。

ウ　船《ふな》ゆうれいがひしゃくをもちやすいと思《おも》ったから。

4 船《ふな》ゆうれいは、なぜ、すがたをけしたのですか。（　）に合《あ》う言葉《ことば》を書《か》きましょう。

・ひしゃくで（　　）をくもうとしたが、（　　）だとわかったから。

10

生《い》きている人形《にんぎょう》①

野原《のはら》の細《ほそ》い道《みち》を、たびのおぼうさんが、いそぎ足《あし》で歩《ある》いていた。

「もうすぐ日《ひ》がくれる。どこかとまるところを見《み》つけなければ……。」

すると、野原《のはら》の先《さき》の方《ほう》に、小《ちい》さな家《いえ》が見《み》えた。

「ごめんください。」

声《こえ》をかけると、戸《と》をあけて顔《かお》を出《だ》したのは、しらがのおばあさんだった。

「たびのものですが、とめてもらえませんか。」

「一人《ひとり》ぐらしで、何《なに》もおもてなしはできないけれど、お入《はい》りなさい。」

夜中《よなか》のこと。たびのつかれからぐっすりねていたおぼうさんは、人《ひと》の話《はな》し声《ごえ》で目《め》がさめた。

読《よ》んだ日《ひ》　月《がつ》　日《にち》

❶ 小《ちい》さな家《いえ》には、だれがすんでいましたか。五字《ごじ》の言葉《ことば》を書《か》き出《だ》しましょう。

□□□□□

❷ おぼうさんは、夜中《よなか》になぜ目《め》がさめたのですか。一《ひと》つに○をつけましょう。

ア　人《ひと》の話《はな》し声《ごえ》が聞《き》こえたから。

イ　おばあさんにおこされたから。

ウ　人形《にんぎょう》がおどっていたから。

「一人《ひとり》ぐらしと聞《き》いていたのに、ふしぎなことだ。」

声《こえ》のするへやをのぞくと、おばあさんが、小《ちい》さな人形《にんぎょう》と話《はなし》をしているではないか。

おどろいたことに、人形《にんぎょう》は生《い》きているかのように、うごいたり、話《はなし》をしたりしている。

おそろしくなったおぼうさんは、夜《よ》が明《あ》けるとすぐに、その家《いえ》をとび出《だ》した。

ところが、はっとしてふりむくと、人形《にんぎょう》がとぶようなはやさでおいかけてくる。そして、おぼうさんにおいつくと、ぴょんととび上《あ》がって、おぼうさんのふところに入《はい》りこんだ。

❸ 小《ちい》さな人形《にんぎょう》は、どんなようすですか。（　）に合《あ》う言葉《ことば》を書《か》きましょう。

・生《い》きているかのように、（　　）たり、（　　）をしたりしている。

❹ 家《いえ》をとび出《だ》したおぼうさんをおいかけてきたのは、なんですか。

（　　）

11 生《い》きている人形《にんぎょう》②

人形《にんぎょう》がかってにふところにとびこんできたおぼうさんは、思《おも》わずふるえ上《あ》がって、人形《にんぎょう》をつかむと道《みち》のむこうにほうりなげた。しかし、何度《なんど》ほうりなげても人形《にんぎょう》はおいかけてきて、ふところに入《はい》ってしまう。

しかたがなく、おぼうさんは、人形《にんぎょう》をふところに入《い》れたまま、たびをつづけた。

つぎの日《ひ》、大《おお》きな川《かわ》の近《ちか》くまでやって来《き》た。ところが、川《かわ》にははしがない。

おぼうさんは、かぶっていたかさに人形《にんぎょう》を入《い》れ、きものをぬいで、それを丸《まる》めてせなかにしょった。

かさに入《い》れられた人形《にんぎょう》は、おとなしくしている。

そのかさを水《みず》にうかべながら、おぼうさんはゆっ

❶ 人形《にんぎょう》がかってにふところにとびこんできたとき、おぼうさんは、どう思《おも》いましたか。一《ひと》つに○をつけましょう。

ア ふしぎだな。

イ こわいな。

ウ 楽《たの》しいな。

❷ おぼうさんが人形《にんぎょう》とたびをつづけたのは、なぜですか。（　）に合《あ》う言葉《ことば》を書《か》きましょう。

・何度《なんど》ほうりなげても（　　　　）はおいかけてきて、（　　　　）に入《はい》ってしまうから。

読《よ》んだ日《ひ》　月《がつ》　日《にち》

くりと川《かわ》に入《はい》った。

川《かわ》のまん中《なか》まで来《く》ると、きゅうにながれがはやくなった。川《かわ》の水《みず》は、おぼうさんのこしのあたりまである。

おぼうさんはすきを見《み》て、かさをつかんでいた手《て》をぱっとはなした。かさは、人形《にんぎょう》をのせたまま、見《み》る間《ま》にながれていった。

おぼうさんは、いそいで、むこうぎしにはい上《あ》がった。かさのゆくえはと、ながれていった方《ほう》を見《み》つめたが、もう何《なに》も見《み》えなかった。

❸ 「すきを見《み》て」から、おぼうさんのどんな気《き》もちがわかりますか。一《ひと》つに○をつけましょう。

ア 早《はや》く人形《にんぎょう》をながしてしまおう。

イ 人形《にんぎょう》とあそんでみよう。

ウ 人形《にんぎょう》におよぎを教《おし》えてあげよう。

❹ おぼうさんが、かさをつかんでいた手《て》をはなすと、どうなりましたか。

・かさは、

〔　　　　〕

12

二人《ふたり》の母親《ははおや》

ある日《ひ》、王様《おうさま》のところに、二人《ふたり》の女《おんな》が一人《ひとり》の子《こ》どもをつれてやって来《き》た。二人《ふたり》の女《おんな》は、顔《かお》もかっこうもそっくりで、見分《みわ》けもつかないほどよくにている。そして、二人《ふたり》とも、子《こ》どもの母親《ははおや》だと言《い》いはっている。

そこで、王様《おうさま》は、二人《ふたり》の女《おんな》に、

「子《こ》どもの頭《あたま》と足《あし》をもって、引《ひ》っぱり合《あ》ってみろ。」

と言《い》った。

二人《ふたり》の女《おんな》は、一人《ひとり》が頭《あたま》を、もう一人《ひとり》が足《あし》をもって、子《こ》どもを引《ひ》っぱりはじめた。

読《よ》んだ日《ひ》　月《がつ》　日《にち》

❶ 顔《かお》もかっこうもそっくりな二人《ふたり》の女《おんな》は、王様《おうさま》にどんなことを言《い》いましたか。（　）に合《あ》う言葉《ことば》を書《か》きましょう。

・自分《じぶん》が

（　　　　）

だということ。

❷ 王様《おうさま》が、二人《ふたり》の女《おんな》に引《ひ》っぱり合《あ》ってみろと言《い》ったのは、なぜですか。（　）に合《あ》う言葉《ことば》を書《か》きましょう。

・どちらが子《こ》どもの

（　　　　）かをたしかめるため。

「いたいよ、いたいよ。」
子《こ》どもが、たまらずになきはじめると、一人《ひとり》の
女《おんな》は、
「かわいそうで、これいじょう、引《ひ》っぱるなんて
できません。」
と、手《て》をはなしてしまった。
それを見《み》た王様《おうさま》は、
「子《こ》どもがいたがるのを見《み》て、思《おも》わず手《て》をはなし
たほうが本当《ほんとう》の母親《ははおや》だ。」
と言《い》った。
すると、もう一人《ひとり》の女《おんな》は、とたんにようかいに
すがたをかえて、にげていってしまった。

❸ 一人《ひとり》の女《おんな》が子《こ》どもから手《て》を
はなしたのは、なぜですか。
一《ひと》つに○をつけましょう。
ア　つかれて、力《ちから》が出《で》なく
なったから。
イ　いたがる子《こ》どもをかわい
そうに思《おも》ったから。
ウ　王様《おうさま》が手《て》をはなせと言《い》っ
たから。

❹ 本当《ほんとう》の母親《ははおや》は、どちらです
か。（　）に合《あ》う言葉《ことば》を書《か》きま
しょう。
・子《こ》どもから（　　　）を
はなした女《おんな》。

13 ねことばけねずみ

ある家《いえ》に、タマというねこがいた。タマは、その家《いえ》のむすめにとてもかわいがられていた。

あるとき、むすめがおもい病気《びょうき》にかかってしまった。何人《なんにん》ものいしゃにみてもらったが、病気《びょうき》は少《すこ》しもよくならない。タマは、むすめのそばから少《すこ》しもはなれようとせず、きみがわるいほどだった。

「もしかしたら、タマがばけねこで、むすめさんにとりついているのかもしれない。」

そんなうわさが立《た》つようになったころ、むすめの両親《りょうしん》はゆめを見《み》た。ゆめの中《なか》でタマが、

読《よ》んだ日《ひ》　月《がつ》　日《にち》

❶ ある家《いえ》のむすめにかわいがられていたのは、なんですか。（　）に合《あ》う言葉《ことば》を書《か》きましょう。

・（　　　）という（　　　）。

❷ どんなうわさが立《た》つようになりましたか。（　）に合《あ》う言葉《ことば》を書《か》きましょう。

・タマが（　　　）で、むすめさんにとりついているといううわさ。

「とりついているのはばけねずみで、むすめさんをまもるため、そばをはなれられないのです。」

と、言《い》うではないか。

つぎの日《ひ》の夕方《ゆうがた》のこと。とつぜん、二階《にかい》でものすごい音《おと》がして、家《いえ》がゆれはじめた。両親《りょうしん》は、ふるえながらじっとしていた。そのうちに音《おと》もゆれもしずまった。

両親《りょうしん》がそっと二階《にかい》をのぞいてみると、人《ひと》よりも大《おお》きなねずみがのどを食《く》いやぶられてしんでいた。そのよこには、タマもたおれていて、あまえるように「ニャー」とひと声《こえ》なくと、いきたえてしまった。

しばらくすると、むすめは、すっかりもとのように元気《げんき》になったということだ。

③ タマが、むすめからはなれられないのは、なぜですか。一《ひと》つに○をつけましょう。

ア むすめがタマをはなさないから。

イ むすめの病気《びょうき》が心配《しんぱい》だから。

ウ ばけねずみから、むすめをまもるため。

④ むすめが元気《げんき》になったのは、なぜですか。五字《ごじ》の言葉《ことば》を書《か》き出《だ》しましょう。

・タマが、□□□□□をたいじしたから。

14 ねこまた

むかしから、何十年《なんじゅうねん》も長生《ながい》きしたねこは、人《ひと》の言葉《ことば》を話《はな》す「ねこまた」という、ようかいになるといわれている。

あるところに、ミケという名前《なまえ》のねこをかっているおばあさんがいた。ミケは、長《なが》く家《いえ》にいるねこで、おばあさんはたいそうかわいがっていた。

ある日《ひ》のこと、ミケのすがたが見《み》えなかったので、おばあさんはにわにさがしに出《で》た。

すると、ミケがものかげから、小鳥《ことり》をねらっているのが見《み》えた。

ミケが、小鳥《ことり》にとびかかろうとしたちょうどそのとき、おばあさんが足元《あしもと》にあったかごをけとばしてしまった。その音《おと》におどろいた小鳥《ことり》は、あわ

読《よ》んだ日《ひ》　月《がつ》　日《にち》

❶ 「ねこまた」とは、どんなようかいですか。（　）に合《あ》う言《こと》葉《ば》を書《か》きましょう。
・何十年《なんじゅうねん》も（　　　）した、人《ひと》の（　　　）を話《はな》すねこ。

❷ ミケが、小鳥《ことり》をにがしたのは、なぜですか。（　）に合《あ》う言葉《ことば》を書《か》きましょう。
・おばあさんが、足元《あしもと》にあった（　　　）をけとばしたから。

ててとびさった。

そのとたん、ミケが、

「ちっ、にがしたか。」

と、くやしそうにつぶやいたではないか。

それを聞《き》いたおばあさんは、「ヒャー」とさけんで、こしをぬかしてしまった。

「ね、ねこまた……。」

「ばれてしまったら、もう、ここにはいられないな。」

ミケは、それっきり、帰《かえ》ってこなかったという。

❸ 「ちっ、にがしたか。」と言《い》ったときのミケの気《き》もちは、どれですか。一《ひと》つに○をつけましょう。

ア くやしいな。
イ うれしいな。
ウ たのしいな。

❹ おばあさんが、こしをぬかしたのは、なぜですか。一《ひと》つに○をつけましょう。

ア ミケがどこかに行《い》ってしまったから。
イ ミケが、小鳥《ことり》をとりにがしたから。
ウ ミケが「ねこまた」だったから。

15

なまずのばけもの

むかし、あるところに大《おお》きな川《かわ》があった。その川《かわ》には魚《さかな》がたくさんいたが、そこでつりをすると、かいぶつに水《みず》の中《なか》に引《ひ》きこまれるといううわさがあって、だれもつりをする人《ひと》がいなかった。

その話《はなし》を聞《き》いたりょうしの兄弟《きょうだい》が、

「おれたちが、たいじしてやろう。」

と、川《かわ》にやって来《き》た。

弟《おとうと》がつりをするふりをして、兄《あに》は岩《いわ》かげでてっぽうをかまえた。

しばらくすると、さおがぐうんとしなって、弟《おとうと》は水中《すいちゅう》に引《ひ》きこまれそうになった。かいぶつの大《おお》きな黒《くろ》い頭《あたま》がザバーンと水《みず》から出《で》たのと同時《どうじ》に、弟《おとうと》はさおをすてた。

読《よ》んだ日《ひ》　月《がつ》　日《にち》

1 大《おお》きな川《かわ》で、だれもつりをする人《ひと》がいないのは、どんなうわさがあったからですか。（　）に合《あ》う言葉《ことば》を書《か》きましょう。

・つりをすると、（　　　　　）に水《みず》の中《なか》に引《ひ》きこまれるといううわさがあったから。

2 かいぶつをたいじしようと川《かわ》にやって来《き》たのは、だれですか。七字《しちじ》の言葉《ことば》を書《か》き出《だ》しましょう。

同時《どうじ》に兄《あに》が「ダーン」とてっぽうをうった。しかし、人《ひと》の何倍《なんばい》もの大《おお》きさのかいぶつは、大《おお》きな口《くち》をあけて、弟《おとうと》にせまってくる。

「ダーン」

二発目《にはつめ》のてっぽうの音《おと》がひびいた。そのとたん、ものすごい水《みず》しぶきとともに、かいぶつは水《みず》にもぐっていった。

なみ立《だ》っていた川《かわ》がしずかになって、しばらくすると、白《しろ》いはらを見《み》せて、大《おお》きななまずがうかび上《あ》がってきた。

❸ かいぶつの大《おお》きな黒《くろ》い頭《あたま》が出《で》たとき、てっぽうをうったのは、どちらですか。一《ひと》つに○をつけましょう。

ア 弟《おとうと》

イ 兄《あに》

❹ 川《かわ》にいたかいぶつとは、なんでしたか。

（　　　　）

16

ふしぎなほらあな

二人《ふたり》のたびのおぼうさんが、あるところでほらあなを見《み》つけた。

入《はい》ってみると、ほらあなの中《なか》には細《ほそ》い道《みち》がずっとつづいている。その道《みち》を歩《ある》いていくと、やがて上《のぼ》りざかになり、そこをこえると、ほらあなの中《なか》なのに、大《おお》きな町《まち》が広《ひろ》がっていた。町《まち》は、どこの町《まち》ともかわらないが、町《まち》を歩《ある》く人《ひと》はだれも口《くち》をきかない。

町《まち》の中《なか》をしばらく歩《ある》いていくと、いいにおいがしてきて、おいしそうな食《た》べものをならべた店《みせ》があった。

一人《ひとり》のおぼうさんは、おなかがへっていなかったが、もう一人《ひとり》のおぼうさんはどうにもがまんが

読《よ》んだ日《ひ》　月《がつ》　日《にち》

❶ 二人《ふたり》のたびのおぼうさんは、あるところで何《なに》を見《み》つけましたか。一《ひと》つに○をつけましょう。

ア　広《ひろ》い道《みち》。

イ　小《ちい》さな町《まち》。

ウ　ほらあな

❷ 「いいにおい」は、どこからしてきましたか。（　）に合《あ》う言葉《ことば》を書《か》きましょう。

・おいしそうな（　　　　）をならべた（　　　　）から。

できず、ならんでいる食《た》べものを食《た》べはじめた。

すると、店《みせ》の主人《しゅじん》が、

「この土地《とち》のものを食《た》べると、外《そと》に出《で》ることはできないだろう。」

と、おそろしい声《こえ》で言《い》った。

二人《ふたり》のおぼうさんは、それを聞《き》いてこわくなり、あわててもと来《き》た道《みち》をもどりはじめた。長《なが》い道《みち》のりを歩《ある》いていくと、ほらあなの外《そと》に出《で》られる小《ちい》さな出口《でぐち》を見《み》つけた。

「やった。外《そと》に出《で》られるぞ。」

一人《ひとり》のおぼうさんが外《そと》に出《で》てふりかえると、町《まち》で食《た》べものを食《た》べたおぼうさんは、ほらあなを出《で》ようとするすがたのまま、石《いし》になっていた。

❸ 店《みせ》の主人《しゅじん》は、二人《ふたり》になんと言《い》いましたか。（　）に合《あ》う言《こと》葉《ば》を書《か》きましょう。

・この（　　　）を食《た》べると、外《そと》に（　　　）ことはできないだろう。

❹ 石《いし》になったのは、どちらのおぼうさんですか。一《ひと》つに○をつけましょう。

ア　町《まち》で食《た》べものを食《た》べなかったおぼうさん。

イ　町《まち》で食《た》べものを食《た》べたおぼうさん。

17
きえるがまがえる

子《こ》どもたちが、田《た》んぼでつかまえた一《いっ》ぴきのがまがえるをはこの中《なか》に入《い》れ、そのまわりであそんでいた。

はこの中《なか》にがまがえるを入《い》れたら、いつの間《ま》にか外《そと》に出《で》てしまっていたという話《はなし》を一人《ひとり》の子《こ》どもが聞《き》いて、それをみんなに話《はな》したのだ。だが、みんなはその話《はなし》をしんじていなかったので、じっけんをしてみようということになったのだ。

夕方近《ゆうがたちか》くになって、とつぜん、母親《ははおや》のさけび声《ごえ》が聞《き》こえた。

「がまがえるが、こんなところに。」

子《こ》どもたちが、はこの中《なか》のがまがえるとはべつだろうと、はこをあけてみると、なんと中《なか》は空《から》っ

❶ 子《こ》どもたちは、田《た》んぼで何《なに》をつかまえましたか。

（　　　　）

❷ 子《こ》どもたちは、どんなじっけんをすることにしたのですか。（　）に合《あ》う言葉《ことば》を書《か》きましょう。

・（　　　　）に入《い》れたがまがえるが、（　　　　）に出《で》てしまうかどうかをたしかめるじっけん。

読《よ》んだ日《ひ》　月《がつ》　日《にち》

ぽだった。しっかりふたがとじられたはこから、どうやってぬけ出《だ》したのか。

もう一度《いちど》、がまがえるをはこの中《なか》に入《い》れて、今《こん》度《ど》はみんなで目《め》をはなさないように見《み》まもった。

しばらくすると、きゅうにはこのすみから、ぶくぶくとあわが出《で》てきたではないか。思《おも》わずさわろうとすると、あわはふっときえてしまった。

いそいではこをあけてみると、がまがえるのすがたはけむりのようにきえていた。子《こ》どもたちは青《あお》い顔《かお》をして、だれも口《くち》がきけなかった。

❸ 母親《ははおや》ががまがえるを見《み》たとき、はこの中《なか》はどうでしたか。

（　　　　　　　　）

❹ 子《こ》どもたちが、青《あお》い顔《かお》をして、口《くち》がきけなくなったのは、なぜですか。一《ひと》つに○をつけましょう。

ア がまがえるが、はこの中《なか》にいたから。

イ がまがえるが、きえていたから。

ウ 母親《ははおや》のさけび声《ごえ》が聞《き》こえたから。

18 ねずみのおんがえし

ある古《ふる》い家《いえ》にすんでいた家族《かぞく》には、むかしから「生《い》きものをころさない」というきまりがあった。ねこはねずみをころすからといって、ねこは一《いち》度《ど》もかったことがなかった。

あるとき、みんなで食事《しょくじ》をしていると、通《とお》りがかりの人《ひと》が、

「おたくの前《まえ》で、何百《なんびゃっ》ぴきものねずみがあつまって、前足《まえあし》を上《あ》げてたたいていますよ。」

と、知《し》らせてくれた。

「ほほう、ふしぎなこともあるものだ。見《み》に行《い》こう。」

みんなで家《いえ》の外《そと》に出《で》てみると、たしかに、ねずみたちがあつまって、おどりをおどっている。

❶ ある古《ふる》い家《いえ》にすむ家族《かぞく》には、むかしからどんなきまりがありましたか。

［　　　　　　　　］

❷ 家《いえ》の外《そと》でさわいでいたのは、なんですか。（　）に合《あ》う言葉《ことば》を書《か》きましょう。

・何百《なんびゃっ》ぴきもの（　　　　）。

読《よ》んだ日《ひ》　　月《がつ》　　日《にち》

みんなが、ねずみのおどりを見物《けんぶつ》しはじめたときだった。
とつぜん、ガラガラともすごい音《おと》がなりひびき、地面《じめん》がぐらぐらとゆれた。もうもうと土《つち》けむりが立《た》ち上《のぼ》り、思《おも》わずみんなはその場《ば》に体《からだ》をふせた。

あたりがしずまって顔《かお》を上《あ》げると、今《いま》までみんなが食事《しょくじ》をしていた家《いえ》が、あとかたもなくくずれているではないか。
「ああ、外《そと》にいてたすかった。」
ふとわれにかえってふりむくと、さっきまで何《なん》百《びゃっ》ぴきといたねずみたちは、一《いっ》ぴきのこらずすがたをけしていた。

❸ ねずみたちが、外《そと》でおどっていたのは、なぜですか。一《ひと》つに○をつけましょう。

ア おどりのれんしゅうをするため。

イ 家《いえ》がくずれるのを見《み》るため。

ウ みんなを外《そと》にさそい出《だ》して、たすけるため。

❹ 何百《なんびゃっ》ぴきといたねずみたちは、どうなりましたか。（　）に合《あ》う言葉《ことば》を書《か》きましょう。

・一《いっ》ぴきのこらず
（　　　　　　）

19 雨《あめ》の夜《よる》のかっぱ

ある男《おとこ》が、雨《あめ》の夜《よる》にぬまの近《ちか》くを歩《ある》いていた。そのぬまのあたりは、人通《ひとどお》りもなく、とてもさびしい場所《ばしょ》だった。

ふと見《み》ると、十《じっ》さいぐらいの子《こ》どもが、くらがりの中《なか》を歩《ある》いているではないか。

「おい、こんな夜《よ》ふけに、どうしたのだ。」

声《こえ》をかけたが、子《こ》どもはしくしくとないているように見《み》える。男《おとこ》が何《なに》を聞《き》いてもへんじをしない。

男《おとこ》は子《こ》どものすぐ近《ちか》くまで行《い》って、

「ぬれるから、おれのかさに入《はい》れ。」

と、かさをさしかけた。

すると、とつぜん、子《こ》どもが男《おとこ》にしがみついてきた。

❶ 男《おとこ》は、ぬまのあたりで、だれに声《こえ》をかけましたか。

〔　　　　〕

❷ とつぜん、子《こ》どもが男《おとこ》にしがみついてきたのは、なぜですか。（　）に合《あ》う言葉《ことば》を書《か》きましょう。

・男《おとこ》を（　　　　）に引《ひ》っぱりこむため。

読《よ》んだ日《ひ》　月《がつ》　日《にち》

「何《なに》をする。」

子《こ》どもは、小《ちい》さな体《からだ》とは思《おも》えない強《つよ》い力《ちから》で、男《おとこ》をぬまの中《なか》に引《ひ》っぱりこもうとする。気《き》がつくと、もう、ぬまのふちぎりぎりのところまで来《き》ていた。

そのとき、月明《つきあ》かりで子《こ》どものすがたがはっきり見《み》えた。頭《あたま》にはさら、せなかにはこうらがあり、そして、口《くち》はくちばしのようにとがっている。

「かっぱか。」

気《き》がついた男《おとこ》は、ぜんしんの力《ちから》をこめて、かっぱをつきとばした。かっぱは、ドボンと、ぬまの中《なか》におちて、それっきりうかんでこなかった。

❸ 月明《つきあ》かりで見《み》えた子《こ》どものすがたは、どのようでしたか。（　）に合《あ》う言葉《ことば》を書《か》きましょう。

・頭《あたま》には（　　）、せなかには（　　）があり、口《くち》は（　　）のようにとがっている。

❹ 子《こ》どもは、本当《ほんとう》はなんだったのですか。

（　　）

20 木《き》のようかい

むかし、たびのおぼうさんが、とまるところもない山《やま》おくで、*野《の》じゅくをしていたときのことだ。夜中《よなか》にたき火《び》の近《ちか》くでねていると、自分《じぶん》の名前《なまえ》をよぶものがいる。

声《こえ》のする方《ほう》を見《み》ると、二《に》メートルぐらいの、大《おお》きな目《め》をしたようかいがいた。

「さむければ、火《ひ》にあたれ。」

おぼうさんは、平気《へいき》なふうをよそおって、ようかいに声《こえ》をかけた。

すると、ようかいは火《ひ》のそばにやって来《き》たが、とつぜん大《おお》きな口《くち》をあけて、おぼうさんにとびかかってきた。

おぼうさんは、ようかいの口《くち》に、すばやく火《ひ》の

読《よ》んだ日《ひ》　月《がつ》　日《にち》

❶ おぼうさんの名前《なまえ》をよんだのは、だれですか。（　）に合《あ》う言葉《ことば》を書《か》きましょう。
・大《おお》きな目《め》をした（　　　）。

❷ おぼうさんは、とびかかってきたようかいの口《くち》に、何《なに》をおしこみましたか。
（　　　）

ついたえだをおしこんだ。

「ギャー」

ようかいは、ものすごいさけび声《ごえ》を上《あ》げて、にげていった。

つぎの日《ひ》、おぼうさんは、かれかかった大《おお》きな木《き》を見《み》つけた。その木《き》の根元《ねもと》にはあながあいていて、あなにはもえのこったえだがあった。そこが、ようかいの口《くち》だったのだろう。

おぼうさんは、木《き》も年《とし》をとると、ようかいになることがあるという話《はなし》を思《おも》い出《だ》していた。

＊野《の》じゅく…夜《よる》、野山《のやま》や野外《やがい》でねること。

❸ おぼうさんは、もえのこったえだをどこで見《み》つけましたか。一《ひと》つに○をつけましょう。

ア たき火《び》をしていたところ。
イ 木《き》の根元《ねもと》のあな。
ウ おぼうさんのねていたところ。

❹ ようかいになっていたのは、なんですか。十字《じゅうじ》の言葉《ことば》を書《か》き出《だ》しましょう。

21

そば食《ぐ》い大会《たいかい》

「今回《こんかい》のゆうしょうはおれのものだ。」

今日《きょう》は、そばがどれだけ食《た》べられるかきょうそうをする、そば食《ぐ》い大会《たいかい》の日《ひ》だ。せいべえがゆうしょうするじしんがあるのには、わけがあった。

この前《まえ》、野原《のはら》を歩《ある》いていたときに、何《なに》を食《た》べたのか、おなかがふくらんだ、三《さん》メートルをこえる大《だい》じゃに出《で》くわした。その大《だい》じゃが、道《みち》ばたのある草《くさ》を食《た》べたとたん、大《おお》きくふくらんだおなかが、どんどん小《ちい》さくなっていくのを見《み》たのだ。

読《よ》んだ日《ひ》　月《がつ》　日《にち》

❶ 今日《きょう》は、何《なに》がありますか。

（　　　　）

❷ せいべえは、野原《のはら》でどんな大《だい》じゃに出《で》くわしましたか。
（　）に合《あ》う言葉《ことば》を書《か》きましょう。

・（　　　　）が大《おお》きくふくらんだ大《だい》じゃ。

そば食《ぐ》い大会《たいかい》の今日《きょう》、せいべえは、あの草《くさ》をかくしもってきた。

いよいよ大会《たいかい》がはじまって、みんながいっせいにそばを食《た》べ出《だ》す。

二十五《にじゅうご》はい目《め》くらいになると、一人《ひとり》ぬけ、二人《ふたり》ぬけ……。三十五《さんじゅうご》はい目《め》になると、せいべえもそろそろ、おなかがいっぱいになってきた。

そこで、せいべえは、そっとあの草《くさ》をそばといっしょにのみこんだ。

「あれ、せいべえのすがたが見《み》えないぞ。」

みんなが近《ちか》くによってみると、せいべえのきものだけがある。ふしぎに思《おも》ってきものをめくってみると、中《なか》は山《やま》もりのそば。

大《だい》じゃが食《た》べた草《くさ》は、人間《にんげん》をとかす草《くさ》だったのだ。

❸ せいべえが、そばといっしょにのみこんだものは、なんですか。（　）に合《あ》う言葉《ことば》を書《か》きましょう。

・（　　）が食《た》べていた（　　）。

❹ せいべえがのみこんだ草《くさ》は、どんな草《くさ》でしたか。一《ひと》つに○をつけましょう。

ア　そばをとかす草《くさ》。
イ　大《だい》じゃになる草《くさ》。
ウ　人間《にんげん》をとかす草《くさ》。

22 おにのすむ家《いえ》

男《おとこ》が二人《ふたり》、くらい夜道《よみち》をいそいでいた。

山道《やまみち》にさしかかったころ、きゅうにはげしい雨《あめ》がふり出《だ》した。かみなりがとどろき、いな光《びかり》があたりを青白《あおじろ》くてらす。

「どこかで、雨《あま》やどりをしよう。」

あたりを見回《みまわ》すと、いな光《びかり》に一《いっ》けんの古《ふる》い家《いえ》がうかび上《あ》がった。

家《いえ》には人《ひと》の気配《けはい》がなく、かぎもかかっていなかったので、男《おとこ》たちは、そこで雨《あま》やどりをすることにした。

家《いえ》に入《はい》って、ほっとしたのもつかの間《ま》。すさまじい音《おと》がして、近《ちか》くにかみなりがおちた。

男《おとこ》の一人《ひとり》が、まどの外《そと》に、いっしゅん気《き》をとられ

❶ 男《おとこ》たちは、どこで雨《あま》やどりをすることにしましたか。（　）に合《あ》う言葉《ことば》を書《か》きましょう。

・一《いっ》けんの（　　　）。

❷ ❶の家《いえ》は、どんなようすでしたか。（　）に合《あ》う言葉《ことば》を書《か》きましょう。

・人《ひと》の気配《けはい》がなく、（　　　）もかかっていなかった。

読《よ》んだ日《ひ》　月《がつ》　日《にち》

たそのとき、「ギャー」という、おそろしい悲鳴《ひめい》が上《あ》がった。ふりむくと、もう一人《ひとり》の男《おとこ》が、へやのおくのくらやみからつき出《だ》された大《おお》きな赤《あか》い手《て》に、わしづかみにされていた。男《おとこ》をつかんだ大《おお》きな手《て》は、男《おとこ》の悲鳴《ひめい》をのこし、やみの中《なか》に、ふっときえてしまった。

男《おとこ》は、きえた男《おとこ》の名前《なまえ》をよび、家《いえ》の中《なか》をさがし回《まわ》った。だが、とうとう、男《おとこ》は見《み》つからなかった。

ここが、おにのすむ家《いえ》だということを、男《おとこ》たちは知《し》らなかったのだ。

3 もう一人《ひとり》の男《おとこ》が、「ギャー」という悲鳴《ひめい》を上《あ》げたのは、なぜですか。一《ひと》つに○をつけましょう。

ア 近《ちか》くにかみなりがおちたから。

イ 大《おお》きな赤《あか》い手《て》に、わしづかみにされたから。

ウ 大《おお》きな赤《あか》い手《て》に、たたかれたから。

4 男《おとこ》たちが雨《あま》やどりした家《いえ》には、だれがすんでいましたか。

（　　　）

23

水《みず》の中《なか》の大《おお》ぐも

くらい森《もり》の中《なか》にぬまがあった。ぬまの水《みず》は、黒《くろ》ずんだ色《いろ》をしていて、あたりは、しんとしずまりかえっていた。聞《き》こえるのは、ときおり魚《さかな》のはねる音《おと》だけだった。

男《おとこ》は、よくこのぬまにつりに来《く》る。

その日《ひ》もつりをしていた男《おとこ》が、ふと足元《あしもと》を見《み》ると、銀色《ぎんいろ》の糸《いと》が水《みず》の中《なか》からのび、足首《あしくび》に何重《なんじゅう》にもまきついているではないか。

「なんだ、これは。」

男《おとこ》は糸《いと》をなんとか足首《あしくび》からはずすと、そばの木《き》にむすびつけた。

そのとき、むすびつけた糸《いと》がぴんとはったかと思《おも》うと、木《き》が大《おお》きくたわんだ。つぎのしゅん間《かん》、

読《よ》んだ日《ひ》　月《がつ》　日《にち》

❶ つりをしていた男《おとこ》の足首《あしくび》にまきついていたものは、なんですか。

（　　　　　）

❷ 銀色《ぎんいろ》の糸《いと》をむすびつけた木《き》は、どうなりましたか。一《ひと》つに○をつけましょう。

ア 大《おお》きな音《おと》を立《た》てて、たおれた。

イ 根元《ねもと》からおれて、水《みず》の中《なか》に引《ひ》きこまれた。

ウ えだがおれた。

ボキボキッと大《おお》きな音《おと》がして、木《き》が根元《ねもと》からおれ、水《みず》の中《なか》に引《ひ》きこまれていった。そして、バシャッとひときわ大《おお》きな水音《みずおと》とともに、水《みず》の中《なか》に、二《に》メートルもありそうなきょ大《だい》なくものすがたが見《み》えた。

　くもは、光《ひか》る目《め》をもち、長《なが》い足《あし》が黒《くろ》い毛《け》におおわれていた。水《みず》の中《なか》に引《ひ》きこまれたのが木《き》だとわかると、くもは、そのまま水《みず》の中《なか》にもどっていった。

もし、足首《あしくび》に糸《いと》がまきついたままだったら、男《おとこ》はぬまの中《なか》に引《ひ》きずりこまれていただろう。

男《おとこ》はおそろしさに、体《からだ》がふるえた。

❸ ひときわ大《おお》きな水音《みずおと》とともに、何《なに》が見《み》えましたか。（　）に合《あ》う言葉《ことば》を書《か》きましょう。

・きょ大《だい》な（　　　）のすがた。

❹ 男《おとこ》がおそろしさに体《からだ》がふるえたのは、なぜですか。一《ひと》つに◯をつけましょう。

ア 魚《さかな》のはねる音《おと》が聞《き》こえたから。

イ ぬまの水《みず》が黒《くろ》ずんだ色《いろ》をしていたから。

ウ 足首《あしくび》に糸《いと》がまきついたままだったら、水《みず》の中《なか》に引《ひ》きずりこまれていたから。

24 いのちをひろった男《おとこ》

「ああ、おれのいのちも、もうすぐつきるのか。」

男《おとこ》は、ついさっき、うらないで「あなたのいのちは三十《さんじっ》さいまでだ」と言《い》われ、かなしい気《き》もちのまま、くらい道《みち》を歩《ある》いていた。

ふと、道《みち》のわきに光《ひか》るものを見《み》つけてひろってみると、きれいなゆびわだった。

「だれがおとしたんだろう。」

男《おとこ》は、そのゆびわをひろって、はしの近《ちか》くにやって来《き》た。すると、一人《ひとり》の女《おんな》が、今《いま》にも川《かわ》にとびこもうとしているではないか。

わけを聞《き》くと、

「人《ひと》からかりたゆびわを、おとしてしまいました。大事《だいじ》なゆびわをなくし、もう、生《い》きてはいられ

読《よ》んだ日《ひ》　月《がつ》　日《にち》

❶ 男《おとこ》がかなしい気《き》もちになったのは、なぜですか。（　）に合《あ》う言葉《ことば》を書《か》きましょう。

・うらないで、あなたの（　　　）は（　　　）さいまでだと、言《い》われたから。

❷ 男《おとこ》は、ひろったゆびわをどうしましたか。一《ひと》つに○をつけましょう。

ア 自分《じぶん》のものにした。

イ おとした女《おんな》にわたしてあげた。

ウ なかまにあずけた。

ません。」

男《おとこ》はひろったものが、女《おんな》の言《い》うゆびわだと気《き》づいて、女《おんな》にわたしてあげた。

それから、一年後《いちねんご》。男《おとこ》がなかまと船《ふね》にのろうとしていると、ゆびわをおとした女《おんな》に会《あ》った。女《おんな》は、あのときのおれいがしたいからと、むりに男《おとこ》を引《ひ》き止《と》めたので、男《おとこ》は船《ふね》にのるなかまと、その場《ば》でわかれた。

あとから、男《おとこ》がのるはずだった船《ふね》が、強《つよ》い風《かぜ》にあい、あっという間《ま》にひっくりかえってしまったという話《はなし》を聞《き》いた。

女《おんな》をたすけたからだろうか。男《おとこ》は、年《とし》よりになるまで、元気《げんき》にすごしたということだ。

❸ 一年後《いちねんご》、男《おとこ》がなかまと船《ふね》にのろうとしているとき、だれに会《あ》いましたか。一《ひと》つに○をつけましょう。

ア うらないし
イ 船《ふね》にのるなかま。
ウ ゆびわをおとした女《おんな》。

❹ 男《おとこ》が、年《とし》よりになるまで、元《げん》気《き》にすごしたのは、なぜだと思《おも》いますか。一《ひと》つに○をつけましょう。

ア 女《おんな》をたすけたから。
イ うらないをしてもらったから。
ウ ゆびわをおとしたから。

25 トイレからきえた男《おとこ》

ある男《おとこ》が、夜《よる》、トイレに行《い》った。

長《なが》いこともどってこないので、家族《かぞく》が見《み》にいってみると、トイレは空《から》っぽだった。家族《かぞく》はひっしにさがしたが、それっきり、男《おとこ》を見《み》たものはいなかった。

それから、二十年《にじゅうねん》がたった。

ある夜《よる》、家族《かぞく》の一人《ひとり》がトイレに入《はい》ろうとすると、戸《と》がひらいて、ゆくえ不明《ふめい》になっていた男《おとこ》が出《で》てきたではないか。

「お……、お父《とう》さん。」

男《おとこ》は、二十年前《にじゅうねんまえ》と同《おな》じきもので、顔《かお》つきもかわらず、むかしのま

❶ 男《おとこ》は、どこに行《い》ったきり、すがたが見《み》えなくなりましたか。

（　　）

❷ 二十年後《にじゅうねんご》、トイレから出《で》てきた男《おとこ》のようすは、どのようでしたか。

・きもの

（　　）

・顔《かお》つき

（　　）

読《よ》んだ日《ひ》　月《がつ》　日《にち》

ま……。

「ああ、はらがへったな。」

家族《かぞく》は、おどろいて男《おとこ》に聞《き》いた。

「二十年《にじゅうねん》も、どうしていたんです。」

しかし、男《おとこ》は、

「何《なに》もおぼえていない。」

と言《い》うばかり。

ふしぎではあったが、家族《かぞく》はよろこんで食事《しょくじ》のしたくをはじめた。しかし、しばらくすると、男《おとこ》のきているきものが、ほこりのようにちりはじめ、男《おとこ》ははだかのようになった。

男《おとこ》は、どこかべつのせかいに入《はい》りこんでいたのだろうか。

❸ 二十年《にじゅうねん》も、どうしていたのかと聞《き》かれた男《おとこ》は、なんと答《こた》えましたか。一《ひと》つに○をつけましょう。
ア 何《なに》もおぼえていない。
イ たびをしていた。
ウ トイレにかくれていた。

❹ 男《おとこ》は、二十年《にじゅうねん》もどこに入《はい》りこんでいたと思《おも》われますか。

〔　　　　〕

26 しゃべるはれもの

あるとき、男《おとこ》のひざにはれものができた。いたみもないので、そのままにしていたが、そのうち、はれものに人《ひと》の口《くち》ににたさけ目《め》ができ、上《うえ》のほうに、二《ふた》つの小《ちい》さなあながあいた。ちょうど、わらっている人間《にんげん》の顔《かお》のように見《み》える。

「気《き》もちがわるいな。いっそ、切《き》ってしまおうか。」

と、男《おとこ》がつぶやくと、

「ひどいな。おれとおまえは、なかよくやってきたじゃないか。」

男《おとこ》は、びっくりして、ふるえ上《あ》がった。

ひざにできたはれものは、体《からだ》がつながっている

読《よ》んだ日《ひ》　　月《がつ》　　日《にち》

❶ ひざのはれものは、なんのように見《み》えますか。（　）に合《あ》う言葉《ことば》を書《か》きましょう。

・（　　　　）のように見《み》える。

❷ 男《おとこ》が、おそろしくて夜《よる》もねむれないのは、なぜですか。

・はれものが、かってに（　　　　）たり、（　　　　）たりするようになったから。

せいか、男《おとこ》の考《かんが》えはすべてわかるようで、かってにしゃべったり、わらったりするようになった。

男《おとこ》は、おそろしくて、夜《よる》もろくにねむれない。ある夜《よる》、はれものを見《み》ると、目《め》の部分《ぶぶん》がとじている。声《こえ》をかけてもへんじをしない。はれものはねているのだ。

男《おとこ》はおき上《あ》がると、うでがよいとひょうばんのいしゃのところへ、そっと出《で》かけていった。

いしゃは、男《おとこ》のはれものを見《み》ると、くすりをさし出《だ》した。

そのとき、はれものがかっと目《め》をあけ、

「やめろ。」

とさけんだ。

男《おとこ》が、くすりをはれものの口《くち》につっこむと、はれものはシュッと音《おと》を立《た》てて、きえてしまった。

❸ 男《おとこ》が、いしゃのところへそっと出《で》かけたのは、なぜですか。一《ひと》つに○をつけましょう。

ア　はれものがわらったから。

イ　はれものに気《き》づかれたくなかったから。

ウ　はれものがいたくなったから。

❹ 男《おとこ》がくすりをはれものの口《くち》につっこむと、はれものはどうなりましたか。（　）に合《あ》う言葉《ことば》を書《か》きましょう。

・（　　）と音《おと》を立《た》てて、（　　）しまった。

27 たぬきのおれい

近所《きんじょ》から、ようかいがすむとおそれられている、古《ふる》い家《いえ》があった。

何年《なんねん》も空《あ》き家《や》になっていたが、一人《ひとり》の気《き》の強《つよ》い男《おとこ》が、その家《いえ》にすみはじめた。

ある夜《よる》、せの高《たか》さが三《さん》メートルもある、おそろしい顔《かお》をしたようかいがあらわれた。男《おとこ》は、少《すこ》しもあわてず、

「ちょうど、話《はな》しあいてがほしかったところだ。」

ようかいはすがたににず、おとなしい。それからは毎《まい》ばんあらわれては、いろいろな話《はなし》をした。

読《よ》んだ日《ひ》　月《がつ》　日《にち》

❶ ようかいがすむとおそれられている古《ふる》い空《あ》き家《や》に、だれがすみはじめましたか。

（　　　　　）

❷ ある夜《よる》、どんなようかいがあらわれましたか。あてはまらないもの一《ひと》つに○をつけましょう。

ア　せの高《たか》さが三《さん》メートル。

イ　おそろしい顔《かお》。

ウ　やさしい。

エ　おとなしい。

あるばん、ようかいは、

「長《なが》いことお世話《せわ》になりましたが、わたしはもう、来《く》ることができません。かわりに子《こ》どもたちをよろしくおねがいします。」

と言《い》った。

戸《と》をあけると、にわには、十数《じゅうすう》ひきの子《こ》だぬきがいた。

「たぬきのようかいだったのか。よしよし、おまえたちをかわいがってやるぞ。」

男《おとこ》がそう言《い》うと、ようかいはうれしそうな顔《かお》をして、うら山《やま》にたからばこがあるので、それをあげると言《い》って、きえていった。

しばらくして、男《おとこ》がうら山《やま》に入《はい》ってみると、年《とし》とったたぬきがしんでいて、そばには大《おお》きなたからばこがあった。

❸ あるばん、ようかいは、男《おとこ》に何《なに》をおねがいしましたか。一《ひと》つに○をつけましょう。
ア　うら山《やま》に、自分《じぶん》のおはかを作《つく》ること。
イ　たからばこを見《み》つけること。
ウ　子《こ》どもたちの世話《せわ》をすること。

❹ ようかいは、男《おとこ》に何《なに》をあげると言《い》いましたか。五字《ごじ》の言葉《ことば》を書《か》き出《だ》しましょう。

28

はえになった死《し》に神《がみ》

死《し》に神《がみ》ははえにすがたをかえ、そのはえが頭《あたま》に止《と》まった人《ひと》はしに、足《あし》に止《と》まった人《ひと》は元気《げんき》になるという。

あるところに、死《し》に神《がみ》が見《み》えるという男《おとこ》がいた。

ある日《ひ》、男《おとこ》は友《とも》だちが病気《びょうき》になったので、おみまいに行《い》った。友《とも》だちと話《はな》していると、そこへ死《し》に神《がみ》がすがたをあらわした。男《おとこ》は家《いえ》の人《ひと》をそっと四人《よにん》よんで、

「合図《あいず》をしたら、ベッドのまわりをもって、くるっとぎゃくのむきにしてくれ。」

とたのんだ。

死《し》に神《がみ》がはえになって、友《とも》だちの頭《あたま》に止《と》まろうとしたとき、

読《よ》んだ日《ひ》　月《がつ》　日《にち》

❶ はえにすがたをかえた死《し》に神《がみ》が、つぎのところに止《と》まると、人《ひと》はどうなりますか。

・頭《あたま》（　　）

・足《あし》（　　）

❷ 死《し》に神《がみ》が見《み》える男《おとこ》は、なぜ、ベッドをぎゃくのむきにするようにたのんだのですか。（　）に合《あ》う言葉《ことば》を書《か》きましょう。

・はえになった死《し》に神《がみ》を、友《とも》だちの（　　）に止《と》まらせたくなかったから。

「そうれっ。」

と、ベッドを回《まわ》した。おどろいたはえはいっしゅんとび上《あ》がったが、すぐに友《とも》だちの足《あし》の上《うえ》に止《と》まった。

その夜《よる》、男《おとこ》の家《いえ》の戸《と》をドンドンと死《し》に神《がみ》がたたいた。

「昼間《ひるま》は、よくもだましたな。戸《と》をあけろ。」

「はえになって、かぎあなから入《はい》ってください。」

男《おとこ》はそう言《い》うと、かぎあなに空《から》のびんをあてた。はえになってかぎあなからとびこんだ死《し》に神《がみ》は、びんの中《なか》。男《おとこ》はすばやくびんのふたをしめてしまった。

❸ ベッドを回《まわ》したとき、はえになった死《し》に神《がみ》は、どうしましたか。（　）に合《あ》う言葉《ことば》を書《か》きましょう。

・友《とも》だちの（　　　）の上《うえ》に止《と》まった。

❹ 男《おとこ》が「はえになって、かぎあなから入《はい》ってください。」と言《い》ったのは、なぜですか。一《ひと》つに○をつけましょう。

ア 死《し》に神《がみ》がはえになるところを見《み》たかったから。

イ 死《し》に神《がみ》をびんの中《なか》にとじこめたかったから。

ウ 戸《と》があかなかったから。

29

生《い》きかえった男《おとこ》

男《おとこ》が草《くさ》むらにつづく道《みち》を歩《ある》いていた。自分《じぶん》でもなぜ、こんな場所《ばしょ》に来《き》たのかわからなかった。何人《なんにん》もの人《ひと》が、男《おとこ》と同《おな》じ方《ほう》へ歩《ある》いていく。

そのうち、大《おお》きな川《かわ》が見《み》えてきた。川《かわ》のふちには、年《とし》とったおぼうさんがいて、歩《ある》いてくる人《ひと》たちに、

「右《みぎ》の道《みち》を行《い》け。」

と、声《こえ》をかけていた。ふと、気《き》がつくと、その中《なか》に友《とも》だちのすがたもあった。

男《おとこ》が友《とも》だちと同《おな》じ方《ほう》へ行《い》こうとすると、おぼうさんによびとめられた。

「おまえは、左《ひだり》の道《みち》を行《い》くんだ。」

友《とも》だちのことは気《き》になったが、おぼうさんの言《い》

読《よ》んだ日《ひ》　月《がつ》　日《にち》

❶ 大《おお》きな川《かわ》のふちにいたのは、だれですか。

〔　　　　　〕

❷ つぎの人《ひと》は、どちらの道《みち》を行《い》けと言《い》われましたか。（　）に合《あ》う言葉《ことば》を書《か》きましょう。

・男《おとこ》（　　）の道《みち》。

・友《とも》だち（　　）の道《みち》。

う方《ほう》へ歩《ある》きはじめたそのとき、ふっと目《め》の前《まえ》がくらくなり、たおれてしまった。

男《おとこ》が目《め》をさましておき上《あ》がると、まわりの人《ひと》たちから悲鳴《ひめい》が上《あ》がった。見回《みまわ》すと、おそうしきのさいちゅうで、男《おとこ》はかんおけの中《なか》にいたのだ。

「おれは、しんでいたのか……。」

生《い》きかえった男《おとこ》は、道《みち》で見《み》た友《とも》だちの家《いえ》をたずねてみた。

すると、その家《いえ》では、友《とも》だちのおそうしきをしているところだった。

3 男《おとこ》がおき上《あ》がると、まわりの人《ひと》から悲鳴《ひめい》が上《あ》がったのは、なぜですか。一《ひと》つに○をつけましょう。

ア 男《おとこ》が生《い》きかえったから。

イ 男《おとこ》が長《なが》い間《あいだ》ねていたから。

ウ ふっと、へやの中《なか》がくらくなったから。

4 どちらの道《みち》を行《い》った人《ひと》が、生《い》きかえりましたか。一《ひと》つに○をつけましょう。

ア 右《みぎ》の道《みち》。

イ 左《ひだり》の道《みち》。

答えとアドバイス

おうちの方へ
◎解き終わったら、できるだけ早めに答え合わせをしてあげましょう。
◎まちがった問題は、もう一度やり直させてください。

1 絵からとび出したりゅう　2〜3ページ

❶ 四ひきのりゅう（の絵）。
❷ いのち
❸ かべ・天
❹ ウ

【アドバイス】
❶ （　）の言葉が入っていても正解です。

2 雪女　4〜5ページ

❶ 白いきもの・かみ
❷ 会った
❸ （とても）かなしそう
❹ ウ

【アドバイス】
❹ 男が雪女との約束を破り、自分に話してしまったので、消えてしまったのです。

3 あめを買うゆうれい　6〜7ページ

❶ 青白い
❷ 女にかげがないから。
❸ 赤んぼう・おはか
❹ イ

【アドバイス】
❷ 店の主人は、自分の影はくっきりと地面に映るのに、女には影がないので幽霊だと思ったのです。

4 のっぺらぼう　8〜9ページ

❶ 顔
❷ のっぺらぼう
❸ 交番
❹ のっぺらぼう

【アドバイス】
❹ 「さっきの女と同じ」とは、「目もはなも口もない、のっぺらぼう」ということです。

5 歌うどくろ　10〜11ページ

❶ 歌声
❷ しゃれこうべ
❸ イ
❹ ありがとう。

【アドバイス】
❷ 「どくろが……歌を歌っていた。」とありますが、六字なので同じ意味の「しゃれこうべ」になります。

6 ライオンとうさぎ 12～13ページ

❶ （年とった）うさぎ
❷ 強い（ぞ）・なまいき
❸ 自分
❹ （いどの中で）おぼれてしまった。

【アドバイス】
❷ 「なまいき」は、「あなたにそっくり」でも正解です。

7 十八年目のようかい① 14～15ページ

❶ 男・毛むくじゃら
❷ おきょう
❸ ウ
❹ にせもの

【アドバイス】
❸ お坊さんの最後の言葉から、妖怪を一匹取り逃がしたことがわかります。その妖怪を退治するためのお札です。

8 十八年目のようかい② 16～17ページ

❶ おふだ
❷ イ
❸ 地しん・光
❹ 七人の手下

【アドバイス】
❷ お作は、前回のお話のお坊さんの最後の言葉を思い出し、男たちのことを妖怪ではないかと思ったのです。

9 船ゆうれい 18～19ページ

❶ 木のは
❷ 何本もの白い手。
❸ ア
❹ 水・むだ

【アドバイス】
❶ 「〇〇〇のように」という、たとえの表現に気づかせましょう。

10 生きている人形① 20～21ページ

❶ おばあさん
❷ ア
❸ うごい・話
❹ 人形

【アドバイス】
❷ おばあさんは一人暮らしだと言っていたのに、お坊さんは話し声で目が覚め、不思議に思っています。

11 生きている人形② 22～23ページ

❶ イ
❷ 人形・ふところ
❸ ア
❹ 人形をのせたまま、見る間にながれていった。

【アドバイス】
❸ 人形を怖がっていたお坊さんは、人形を手放したかったのです。

12 二人の母親 24～25ページ

❶ 子どもの母親
❷ （本当の）母親
❸ イ
❹ 手

【アドバイス】
❹ 子どもが痛がるのを見て、負けるとわかりながら手を離した女を、王様は母親だと判定したのです。

13 ねことばけねずみ 26～27ページ

❶ タマ・ねこ
❷ ばけねこ
❸ ウ
❹ ばけねずみ

【アドバイス】
❹ 自分の命に代えて化けねずみを退治し、娘の命を守ったのです。

14 ねこまた 28～29ページ

❶ 長生き・言葉
❷ かご
❸ ア
❹ ウ

【アドバイス】
❹ 長い間かわいがっていたミケが、「ねこまた」だとわかり、おばあさんは驚いたのです。

15 なまずのばけもの 30～31ページ

❶ かいぶつ
❷ りょうしの兄弟
❸ イ
❹ 大きななまず。

【アドバイス】
❹ 二発目の鉄砲に撃たれた怪物が、しばらくして浮かび上がってきたものであることをとらえさせましょう。

16 ふしぎなほらあな 32～33ページ

❶ ウ
❷ 食べもの・店
❸ 土地のもの・出る
❹ イ

【アドバイス】
❹ 最後の一文から読み取ることができます。長い文なので、ていねいに読ませましょう。

17 きえるがまがえる 34～35ページ

❶ （一ぴきの）がまがえる
❷ はこ（の中）・外
❸ 空っぽ（だった。）
❹ イ

【アドバイス】
❹ 「青い顔」とは、恐ろしさで血の気の引いた様子を表します。それほど子どもたちは恐ろしかったのです。

18 ねずみのおんがえし　36〜37ページ

❶「生きものをころさない」(というきまり。)
❷ ねずみ
❸ ウ
❹ すがたをけしていた。

【アドバイス】
❸ ねずみたちは、家が壊れることがわかっていたので、みんなを外に誘い出して助けたのです。

19 雨の夜のかっぱ　38〜39ページ

❶ (十さいぐらいの) 子ども
❷ ぬま (の中)
❸ さら・こうら・くちばし
❹ かっぱ

【アドバイス】
❸ 子どもの正体である、かっぱの体の特徴をしっかり読み取らせましょう。

20 木のようかい　40〜41ページ

❶ ようかい
❷ 火のついたえだ。
❸ イ
❹ かれかかった大きな木

【アドバイス】
❸ お坊さんは、妖怪の口に火のついた枝を押し込んだので、木の根元の穴が妖怪の口だったことになります。

21 そば食い大会　42〜43ページ

❶ そば食い大会
❷ おなか
❸ 大じゃ・草
❹ ウ

【アドバイス】
❹ せいべえが飲み込んだ草は、大蛇が食べていた草です。大蛇は人間を食べて、この草で人間を溶かしていたのです。

22 おにのすむ家　44〜45ページ

❶ 古い家
❷ かぎ
❸ イ
❹ おに

【アドバイス】
❸「ふりむくと、……ていた。」の一文に理由が書かれているので、そこから読み取らせましょう。

23 水の中の大ぐも　46〜47ページ

❶ 銀色の糸。
❷ イ
❸ くも
❹ ウ

【アドバイス】
❹ 足首に糸が巻きついたままだったら、水の中に引きずり込まれ、死んでいただろうと思ったからです。

24 いのちをひろった男　48～49ページ

❶ いのち・三十
❷ イ
❸ ウ
❹ ア

【アドバイス】
❹ 死のうとした女を助けた男は、偶然その女に出会ったことで助かり、長生きしたことを読み取らせましょう。

25 トイレからきえた男　50～51ページ

❶ トイレ
❷ ・(二十年前と) 同じ。
・(かわらず、) むかしのまま。
❸ ア
❹ どこかべつのせかい。

【アドバイス】
❹ お子さんの自由な発想の答えも認めてあげましょう。

26 しゃべるはれもの　52～53ページ

❶ わらっている人間の顔
❷ しゃべっ・わらっ
❸ イ
❹ シュッ・きえて

【アドバイス】
❸ 男ははれものが寝ている間に、気づかれないようにそっと、医者の所に出かけたのです。

27 たぬきのおれい　54～55ページ

❶ (一人の) 気の強い男。
❷ ウ
❸ ウ
❹ たからばこ

【アドバイス】
❷ ウ「やさしい」とエ「おとなしい」は意味が似ているので、取り違えないようにさせましょう。

28 はえになった死に神　56～57ページ

❶ ・しぬ。
・元気になる。
❷ 頭
❸ 足
❹ イ

【アドバイス】
❷ 友達が死なないよう、男が機転をきかせたことを読み取らせましょう。

29 生きかえった男　58～59ページ

❶ 年とったおぼうさん。
❷ ・左
・右
❸ ア
❹ イ

【アドバイス】
❹ 男が、お坊さんに行けと言われた方の道をとらえさせましょう。